TABLEAUX

DE LECTURE

PAR G. BELEZE,

CHEF D'INSTITUTION A PARIS.

IMPRIMERIE ET LIBRAIRIE DE JULES DELALAIN

Rues de Sorbonne et des Mathurins, à Paris.

2ème TABLEAU.

Voyelles.

a e é i o u y.

Consonnes.

b c d f g j k l m n p q r s t v x y z.

Exercices sur les consonnes réunies aux voyelles.

ba, ca, da, fa, ga, ja, ka, la, ma, na, pa, ra, sa, ta, va, xa, za.

be, ce, de, fe, ge, je, ke, le, me, ne, pe, re, se, te, ve, xe, ze.

bé, cé, dé, fé, gé, jé, ké, lé, mé, né, pé, ré, sé, té, vé, xé, zé.

bi, ci, di, fi, gi, ji, ki, li, mi, ni, pi, ri, si, ti, vi, xi, zi.

bo, co, do, fo, go, jo, ko, lo, mo, no, po, ro, so, to, vo, xo, zo.

bu, cu, du, fu, gu, ju, ku, lu, mu, nu, pu, ru, su, tu, vu, xu, zu.

1 2 3 4 5 6 7 8 9 0

Paris, Jules Delalain, Imprimeur-Libraire.

1er TABLEAU[1].

A B C D E F G H
I J K L M N O P
Q R S T U V X Y Z

a b c d e f g h
i j k l m n o p
q r s t u v x y z

Aa Bb Cc Dd Ee Ff
Gg Hh Ij Kk Ll Mm
Nn Oo Pp Qq Rr Ss
Tt Uu Vv Xx Yy Zz

1. Ces Tableaux sont extraits du Syllabaire, publié par M. G. Beleze et autorisé par le Conseil de l'Instruction publique pour les écoles primaires.

IMPRIMERIE ET LIBRAIRIE CLASSIQUES DE JULES DELALAIN, RUES DE SORBONNE ET DES MATHURINS, A PARIS.

3ème TABLEAU.

Exercices sur les mots de deux syllabes.

ba ve, ca ge, da me, ga ge, la me, ra me, ta pe,

bi le, ci re, di re, li me, mi ne, ri de, vi ve,

co de, lo ge, mo de, no te, ro be, so le, zo ne,

bu re, cu ve, du pe, lu ne, mu le, pu re, tu be,

ca fé, cu ré, ge lé, la vé, ra mé, ri dé, zé lé,

bé ni, dé fi, mi di, pa ri, po li, co co, lo to,

so lo, zé ro, do du, pa ru, re vu, te nu, ve nu.

Mêmes mots, syllabes réunies.

bave, cage, dame, gage, lame, rame, tape,

bile, cire, dire, lime, mine, ride, vive,

code, loge, mode, note, robe, sole, zone,

bure, cuve, dupe, lune, mule, pure, tube,

café, curé, gelé, lavé, ramé, ridé, zélé,

béni, défi, midi, pari, poli, coco, loto,

solo, zéro, dodu, paru, revu, tenu, venu.

Paris, Jules Delalain, Imprimeur-Libraire.

4ème TABLEAU.

Exercices sur les mots de trois syllabes.

bo bi ne, ca ba ne, ca li ce, ci ra ge, dé li re,

do ru re, fa mi ne, fi gu re, gi ra fe, ju ju be,

lé gu me, li mi te, ma li ce, mi nu te, mo ra le,

na tu re, pa ro le, pe lo te, pi lu le, po ta ge,

ra ci ne, sa la de, so no re, to pa ze, vo lu me,

ca na pé, dé pu té, do mi no, du re té, fa vo ri,

la va bo, pu re té, re ve nu, sa me di, vé ri té.

Mêmes mots, syllabes réunies.

bobine, cabane, calice, cirage, délire,

dorure, famine, figure, girafe, jujube,

légume, limite, malice, minute, morale,

nature, parole, pelote, pilule, potage,

racine, salade, sonore, topaze, volume,

canapé, député, domino, dureté, favori,

lavabo, pureté, revenu, samedi, vérité.

Paris, Jules Delalain, Imprimeur-Libraire.

5ème TABLEAU.

Exercices sur les mots de quatre syllabes et sur les voyelles formant syllabes.

ba di na ge, ca ma ra de, do mi ci le,
fi la tu re, ga lo pa de, ja ve li ne,
li mo na de, py ra mi de, so li tu de,
ci vi li té, di vi ni té, fi dé li té,
pa no ra ma, sé vé ri té, ti mi di té,
a mi, é pi, é co le, é cu me, é pi ne,
i ma ge, o li ve, é co no me, u ti li té.

Mêmes mots, syllabes réunies.

badinage, camarade, domicile,
filature, galopade, javeline,
limonade, pyramide, solitude,
civilité, divinité, fidélité,
panorama, sévérité, timidité,
ami, épi, école, écume, épine,
image, olive, économe, utilité.

Paris, Jules Delalain, Imprimeur-Libraire.

6ème TABLEAU.

Exercices sur les voyelles eu *et* ou *et sur les syllabes terminées par une consonne.*

feu , jeu , jeu di , meu le , neu ve , peu , ne veu ,

bou le , cou de , fou le , pou le , sou pe , bi jou ,

bar be , car pe , lar me , cal me , pal me , vas te ,

ber ce , ger me , mer le , per le , ter me , ver tu ,

gol fe , lis te , vic ti me , ca nif , no mi na tif ,

cor de , mur mu re , ba zar , ve nir , bo cal , mé tal ,

co car de , ré col te , ar tis te , fu mis te , ar bus te.

Mêmes mots, syllabes réunies.

feu , jeu , jeudi , meule , neuve , peu , neveu ,

boule , coude , foule , poule , soupe , bijou ,

barbe , carpe , larme , calme , palme , vaste ,

berce , germe , merle , perle , terme , vertu ,

golfe , liste , victime , canif , nominatif ,

corde , murmure , bazar , venir , bocal , métal ,

cocarde , récolte , artiste , fumiste , arbuste.

Paris, Jules Delalain, Imprimeur-Libraire.

7ème TABLEAU.

Exercices sur deux consonnes suivies d'une voyelle et sur les voyelles composées au *et* eau.

bra ve, cra va te, dra me, fra gi le, gra vu re,

pra li ne, tra ce, blâ me, gla ce, pla ti ne,

cré a tu re, fré ga te, gre na de, pré fa ce,

fri vo le, gri ma ce, pro di ge, pru ne, plu me,

na cre, sa bre, fa ble, cer cle, ti gre, vi tre,

au ber ge, au da ce, au ro re, bau me, fau te,

ba teau, ca deau, cor beau, man teau, ra meau.

Mêmes mots, syllabes réunies.

brave, cravate, drame, fragile, gravure,

praline, trace, blâme, glace, platine,

créature, frégate, grenade, préface,

frivole, grimace, prodige, prune, plume,

nacre, sabre, fable, cercle, tigre, vitre,

auberge, audace, aurore, baume, faute,

bateau, cadeau, corbeau, manteau, rameau.

Paris, Jules Delalain, Imprimeur-Libraire.

8ème TABLEAU.

Exercices sur la voyelle ai *qui se prononce comme* è, *sur la voyelle* oi *qui se prononce à peu près comme* oa, *et sur les voyelles nasales* an, en, in, on *et* un.

ai gle, ai le, lai ne, fon tai ne, se mai ne,

boî te, poi re, roi, toi le, voi tu re, ar moi re,

an ge, an cre, en fan ce, in do ci le, on cle, un,

dan se, fan ge, lan ter ne, cen dre, pen du le,

ven dan ge, lin ge, pin ce, vin, bon bon, bon té,

mon de, son ge, lun di, jar din, la pin, mou lin,

ca non, din don, je ton, ga zon, me lon, sa lon.

Mêmes mots, syllabes réunies.

aigle, aile, laine, fontaine, semaine,

boîte, poire, roi, toile, voiture, armoire,

ange, ancre, enfance, indocile, oncle, un,

danse, fange, lanterne, cendre, pendule,

vendange, linge, pince, vin, bonbon, bonté,

monde, songe, lundi, jardin, lapin, moulin,

canon, dindon, jeton, gazon, melon, salon.

9ème TABLEAU.

***Exercices sur les voyelles nasales* am, em, im, om, *dans lesquelles* m *se prononce comme* n, *et sur* ain, aim *et* ein *qui se prononcent comme s'il y avait* in.**

am pou le, em pi re, im bé ci le, om bra ge,

lam pe, tem ple, sim ple, bom be, com po te,

co lom be, pré nom, en sem ble, es tom pe,

bain, gain, grain, main, nain, pain, sain,

tain, vain, crain te, plain te, daim, faim,

fein te, pein tu re, plein, rein, tein tu re,

dé dain, le vain, mon dain, pou lain, vi lain.

Mêmes mots, syllabes réunies.

ampoule, empire, imbécile, ombrage,

lampe, temple, simple, bombe, compote,

colombe, prénom, ensemble, estompe,

bain, gain, grain, main, nain, pain, sain,

tain, vain, crainte, plainte, daim, faim,

feinte, peinture, plein, rein, teinture,

dédain, levain, mondain, poulain, vilain.

Paris, Jules Delalain, Imprimeur-Libraire.

10ème TABLEAU.

Exercices sur ch, gn, qu *et* gu, *devant une voyelle.*

cha cun ,	cha lou pe ,	cha peau ,	char bon ,	
cha ri té ,	che min ,	chê ne ,	che val ,	chè vre ,
chi ca ne ,	cho co lat ,	chu te ,	bi che ,	pé ché ,
po che ,	ri che ,	ru che ,	va che ,	ma chi ne ,
li gne ,	si gne ,	vi gne ,	cy gne ,	cam pa gne ,
que , qui ,	qua li té ,	qua tre ,	ban que ,	bri que ,
gui de ,	guir lan de ,	ba gue ,	do gue ,	fi gue.

Mêmes mots, syllabes réunies.

chacun ,	chaloupe ,	chapeau ,	charbon ,	
charité ,	chemin ,	chêne ,	cheval ,	chèvre ,
chicane ,	chocolat ,	chute ,	biche ,	péché ,
poche ,	riche ,	ruche ,	vache ,	machine ,
ligne ,	signe ,	vigne ,	cygne ,	campagne ,
que , qui ,	qualité ,	quatre ,	banque ,	brique ,
guide ,	guirlande ,	bague ,	dogue ,	figue.

Paris, Jules Delalain, Imprimeur-Libraire.

11ème TABLEAU.

Exercices sur les mots terminés en tion, **t** *se prononçant comme* s, *et sur l'*y *ayant la valeur de deux* i.

ac tion, a do ra tion, é du ca tion, é mu la tion,

dé vo tion, in vi ta tion, in ten tion, in ven tion,

per fec tion, pré pa ra tion, pu ni tion, ré vo lu tion,

do y en, jo y au, mo y en, no y au, vo y a ge,

é ga y é, en vo y é, ba la y é, ci to y en, cra y on,

dé plo y é, em plo y é, bé ga y é, pa y é, cô to y é,

net to y é, ra y on, ra y u re, sou do y é, tu to y é.

Mêmes mots, syllabes réunies.

action, adoration, éducation, émulation,

dévotion, invitation, intention, invention,

perfection, préparation, punition, révolution,

doyen, joyau, moyen, noyau, voyage,

égayé, envoyé, balayé, citoyen, crayon,

déployé, employé, bégayé, payé, côtoyé,

nettoyé, rayon, rayure, soudoyé, tutoyé.

Paris, Jules Delalain, Imprimeur-Libraire.

12ème TABLEAU.

Exercices sur ail, aill, eill, *et* ill.

ail , bail , é mail , bé tail , co rail , é ven tail ,

sou pi rail , at ti rail , por tail , sé rail, tra vail ,

cail le , mail le , ba tail le , brous sail le , é cail le ,

li mail le , mu rail le , pail le , te nail le , vo lail le ,

a beil le, o reil le, cor beil le, gro seil le, mer veil le ,

an guil le , bil le , bé quil le , che vil le , co quil le ,

fa mil le , len til le , pas til le , quil le , va nil le.

Mêmes mots, syllabes réunies.

ail , bail , émail , bétail , corail , éventail ,

soupirail , attirail , portail , sérail , travail ,

caille , maille , bataille , broussaille , écaille ,

limaille , muraille , paille , tenaille , volaille ,

abeille , oreille , corbeille , groseille , merveille ,

anguille , bille , béquille , cheville , coquille ,

famille , lentille , pastille , quille , vanille.

Paris, Jules Delalain, Imprimeur-Libraire.

13ème TABLEAU.

Exercices généraux ou de récapitulation[1].

La providence divine. – Une morale pure. – La pureté de l'âme. – Un ami fidèle. – Gage de fidélité. – La cabane du pauvre. – Cabane couverte de chaume. – Le bon curé. – Curé de campagne. – La sévérité et la bonté du maître. – Dieu est la vérité même, le principe de toute vérité. – Ami sincère. – Un véritable ami est un trésor. – Il a été mon camarade d'école, de voyage et de fortune. – Le samedi est un jour de la semaine. – Le samedi saint est le samedi qui précède le jour de Pâques. – Le blé moulu donne la farine; avec la farine on fait le pain. – La terre tourne autour du soleil; la forme de la terre est ronde. – Le soleil colore et mûrit les fruits. – Il a toujours suivi la bonne route, la route de la vertu. – Une bonne action a toujours sa récompense. – Les pauvres sont nos amis; nous devons secourir les pauvres. – Honorez votre père et votre mère. – La prune, la pêche, l'abricot, sont des fruits à noyau. – Lapoule cherche la nourriture pour ses poussins. – L'âne est sobre; il aime les chardons. – Les chardons portent des feuilles épineuses. – L'âne est très-utile aux habitants de la campagne. – Le jeudi est un jour de la semaine. – Le jeu de boules est un bon exercice pour la santé. – L'arbre appelé palmier produit les dattes.

1. Ces exercices sont formés avec les mots des tableaux précédents.

Paris, Jules Delalain, Imprimeur-Libraire.

14ème TABLEAU.

Exercices généraux ou de récapitulation.

La bergère garde les moutons et les brebis. – Le berger défend les brebis et les moutons contre les loups. – Un coq, cherchant de la nourriture, trouva une perle; il aurait préféré un grain de blé. – L'or est un métal, l'argent est un métal, le fer est aussi un métal; on trouve les métaux dans la terre. – On grave sur le cuivre, sur l'acier, sur le bois. – Le cuivre est un métal de couleur rouge. – La Providence prend soin de toutes ses créatures. – La puissance de Dieu éclate dans les plus faibles créatures. – Il est bon de faire l'aumône aux pauvres. – L'aurore précède le lever du soleil. – Le marteau frappe le fer qui est placé sur l'enclume. – Le dimanche est le jour du repos. – Un enfant indocile mérite d'être puni. – Le raisin est le fruit de la vigne. – Faire vendange, c'est récolter les raisins pour faire du vin. – Le roi Salomon bâtit à Jérusalem, par ordre de Dieu, un temple magnifique. – L'intérieur du temple était revêtu d'or et de bois de cèdre. – Ce temple, le plus admirable édifice élevé par la main des hommes, fut détruit par les Romains. – Le pigeon se nourrit de grains. – Le grain est le fruit et la semence du froment, de l'orge, du seigle, de l'avoine. – La foi, l'espérance et la charité sont trois vertus excellentes. – Par la charité nous aimons Dieu comme notre souverain bien.

Paris, Jules Delalain, Imprimeur-Libraire.

15ème TABLEAU.

Exercices généraux ou de récapitulation.

Aimons Dieu comme notre souverain bien. – La vache et la chèvre nous donnent du lait. – Les abeilles ou mouches à miel font la cire et le miel dans des ruches. – Le printemps, l'été, l'automne et l'hiver sont les quatre saisons de l'année. – Trente et dix font quarante. – Une jeune fille n'a pas de meilleur guide que sa mère. – La qualité des choses est souvent préférable à la quantité. – Une bonne éducation est un véritable trésor. – L'émulation nous porte à imiter les grandes actions. – Avant l'invention de la boussole, la navigation n'était pas sûre. – Il est arrivé à la fortune par des moyens légitimes. – Un sage citoyen obéit toujours aux lois. – Le corail est de couleur rouge et se pêche dans la mer. – Le limaçon vit dans sa coquille, portant partout avec lui sa maison. – La table était couverte de corbeilles de fruits et de corbeilles de fleurs. – L'enveloppe qui couvre le dos de la tortue s'appelle écaille. – L'ordre et le travail règnent dans les ruches des abeilles. – Les merveilles de la création élèvent notre âme vers Dieu. – Travaille, et tu seras heureux; travaille, et tu auras les bénédictions du ciel.

1851

16ème TABLEAU.

Exercices généraux ou de récapitulation.

Aimez votre père et votre mère. Votre père et votre mère vous aiment bien tendrement, et ils ont pris soin de vous depuis que vous êtes nés. Ils vous ont aimés et ils ont pris soin de vous, quand vous n'étiez que de pauvres petits enfants, bien faibles, qui ne pouviez ni parler ni marcher. Vos parents sont bien bons pour vous, mais Dieu est d'une bonté bien plus grande. Il vous a donné vos parents et tout ce que vous avez. Vous devez aimer Dieu, vous devez l'aimer de toute votre âme, de toutes vos forces. Il ne faut jamais se lever le matin, se coucher le soir, sans remercier Dieu de tous les biens qu'il vous a donnés. Priez-le de mettre de bonnes pensées dans vos cœurs, de vous bénir, de bénir vos parents, vos amis. Dites la prière que notre Seigneur Jésus-Christ a enseignée à ses disciples : Notre père, qui êtes aux cieux, que votre nom soit sanctifié, que votre règne arrive, que votre volonté soit faite en la terre comme au ciel; donnez-nous aujourd'hui notre pain quotidien, et pardonnez-nous nos offenses comme nous pardonnons à ceux qui nous ont offensés, et ne nous induisez point en tentation, mais délivrez-nous du mal.

Paris, Jules Delalain, Imprimeur-Libraire.

www.ingramcontent.com/pod-product-compliance
Ingram Content Group UK Ltd.
Pitfield, Milton Keynes, MK11 3LW, UK
UKHW032024260826
14628UKWH00006B/2711

9 782013 059169